L'HENRIQUINQUISME D'ACTION

L'HENRIQUINQUISME

D'ACTION

Folle réminiscence en un acte

PAR

PIERRE MALVEZIN

Auteur de **La Bible Farce**

———

PARIS

CHEZ L'AUTEUR, RUE MOLIÈRE, 17

—

DÉPOT

CHEZ DESJARDIN	CHEZ SOUVERVILLE
rue de Nesle, 10	place du Collège-de-France, 9

L'HENRIQUINQUISME

D'ACTION

La scène se passe le 30 septembre 1879, lendemain du banquetage, chez le Vicomte de Lorgegril, entre lui, Francette, gouvernante et Jean, domestique.

SCÈNE Ire.

JEAN, *mettant le couvert.*

Huit heures. Le vicomte ne tardera pas à arriver. Et je pense qu'il a pris le temps, aujourd'hui, d'exercer la patience des électeurs. Ah! c'est que MM. les Henriquinquistes d'action sont des Henriquinquistes d'action!... Et ils obtiennent de fameux résultats!...

Ah ! les temps ont bien changé pour M. le vicomte. Ils ont changé pour moi aussi, mais en bien, depuis que nous avons la jeune Francette pour gouvernante… Francette ! que je l'aime, Francette !… Je donnerais ma vie pour elle. Elle est si laborieuse, si belle, si aimable ! Il faudrait que je n'eusse pas de cœur pour ne pas l'aimer sincèrement, alors surtout que, de son côté, elle m'aime beaucoup aussi… Il y a une différence entre elle et la vieille duègne dont je suis débarrassé !…

Mais j'entends la voiture de Monsieur, la voiture de très-haut et très-noble vicomte de Lorgegril, barde royal, seigneur des Tables-Combles, des Caves, Tonneaux, Brocs, Cruches, Bouteilles, Bouchons et autres lieux.

Dépêchons-nous de mettre le couvert.

(Il met sur la table un énorme verre bleu orné d'écussons.)

Le verre de calibre !

Sur un bout, il met un sommier de tonneau. Puis il décroche une corde dans le coin de la salle à manger et fait descendre au pied de la table un double crochet en fer, par une poulie qui est au plafond. Cela fait, il ouvre les deux battants de la porte et sort précipitamment. Il revient au bout d'un ins-

tant, en roulant un tonneau. Il le roule juqu'au pied
de la table et l'agrafe de chaque côté avec le crochet.

La soucoupe de la bouteille !
Maintenant, appelons Francette. — Francette ?
A l'aide !

SCÈNE II.

FRANCETTE.

Voilà ! voilà !

Vois cet éclair ! vois ! l'orient se dore,
Un rayon luit sur la grande Cité,
C'est l'aurore,
L'aurore de la Liberté.

Désormais, notre chère France
Marchera vers l'Egalité,
Et l'imposture et l'ignorance
Feront place à la vérité.

8

Vois cet éclair ! vois ! l'orient se dore.
Un rayon luit sur la grande Cité !
    C'est l'aurore,
  L'aurore de la Liberté.

  Le travail, chassant la misère,
  Donnera la prospérité.
  Partout la paix et la lumière
  Et partout la Fraternité.

Vois cet éclair ! vois ! l'orient se dore.
Un rayon luit sur la grande Cité,
    C'est l'aurore,
  L'aurore de la Liberté.

  Et, d'un bout à l'autre du monde,
  Les peuples, par l'amour grandis,
  Brisant du mal le sceptre immonde,
  Feront du globe un paradis.

Vois cet éclair ! vois ! l'orient se dore,
Un rayon luit sur la grande Cité.

(Ensemble)

    C'est l'aurore,
  L'aurore de la Liberté.

Tous les deux se pendent à la corde, tirent, sautent ensemble, en criant alternativement :

Oup ! oup ! oup !

*et montent la barique un peu plus qu'à hauteur de la
table ; puis ils avancent celle-ci par dessous, lais-
sant tomber la barique sur le sommier, et ils s'em-
brassent. Le vicomte entre et les surprend... Ta-
bleau... Francette sort. Jean remonte le crochet au
plafond.*

SCÈNE III.

LE VICOMTE.

Ah ! je t'y prends ! sache qu'elle n'est pas pour
[toi, maraud ! Si tu as encore
[l'audace
D'allonger ton vilain museau vers elle, je te
[chasse !

JEAN, *à part.*

Ah ! Voilà la rengaîne des vers de trente pieds
qui recommence ! des vers royaux que les imprimeurs sont obligés de plier en trois ou quatre !

LE VICOMTE, *à part,*

Crré nom ! Il ne manquait plus que cela, pour
[me rendre l'humeur triste,
Après tous les nouveaux échecs que j'ai eus au-
[jourd'hui, jusque chez l'au-
[bergiste.
Pas moyen !
On m'écoute absolument comme si je ne disais
[rien.
Ce n'est plus que de la clique,
Ils ont tous tourné casaque à la République.
O Chesnelong mon ami, ô cher comité d'action,
Nous ne sommes pas fichus de sortir de l'affliction.

JEAN, *à part.*

C'est bien malheureux !...

*(Il garnit la table de gros plats. — Le Vicomte
vide un verre à chaque bouchée, en le tenant des deux
mains.)*

LE VICOMTE, *à part.*

Soyons tout de même gai...
Oh gué !

(Chantant).

Jean, quelqu'un est-il venu me voir, pendant que,
[par vallon et montagne,
Je battais la campagne ?

JEAN, *à part.*

Oh ! oh ! quelle gaîté subite !.. Il la bat souvent la campagne.

LE VICOMTE

Eh bien ?
Tu ne réponds rien ?

JEAN, *à part.*

Réponse au modèle :

Chantant sur le même ton.

Personne, Monsieur, personne de toute la boule
[ronde.
Ah ! moi, à votre place, je me croirais bien mal-
[heureux si j'étais brouillé avec
[tout le monde.

LE VICOMTE, *en voyant arriver un nouveau plat.*

Un haricot rouge !
Toujours de la cuisine au rouge !
Avec ma nouvelle gouvernante, ce qu'on ne m'ar-
[rangeait autrefois qu'à la sauce
[blanche est arrangé
[à la sauce rouge !...
Jusqu'aux poules ! quand on me sert un œuf à la
[coque, il est à rouge
Tiens ! voilà que, maintenant, je rime rouge !

JEAN, *à part,*

Quel gouffre !

Et dire que la Francette lui sert ses repas, et que moi, qui suis le Travail, je reste à ses gages !

C'est égal, c'est un plaisir de le voir grossir à vue d'œil et mettre un tambour si phénoménal, toutes les fois qu'il se met à table. Gare ! les cercles de son estomac vont éclater !

(Il rit, le Vicomte lui jette un regard).

(haut).

Ce n'est rien, Monsieur : une chansonnette que le cocher de M. de la Pigeonnière m'a apprise, et qui me revient en ce moment à la mémoire.

LE VICOMTE

Chante-la.

JEAN, *chantant.*

« Il était un navire
« Qui voulait naviguer ; »
Mais les requins en ire
L'empêchaient d'alarguer.
Mahon, le capitaine,
Pour sortir d'embarras,
Prenait beaucoup de peine :
Il se croisait les bras.

LE VICOMTE.

Assez !

JEAN

Comme vous voudrez, Monsieur. Mais je suis sûr
que la suite vous amusera davantage. Tenez :

> L'équipage héroïque,
> Faisant plus grand effort,
> Braillait de politique,
> De tribord à babord.
> Alors, doit-on le dire ?
> Les passagers luttant,
> On vit le beau navire
> Naviguer triomphant.

LE VICOMTE

Assez donc !
Il y a longtemps que je la connais ta chanson.

JEAN, *à part.*

Je pensais bien que ça l'amuserait.

(haut.)

Alors, je vais cesser de vous chanter, pour vous
raconter quelque chose qui m'est arrivé.
C'était hier, le 29 septembre...

LE VICOMTE

Oui, oui, c'est cela.
Parle-moi de ce jour-là.
Mais... une chose :
Puisque le fait est du fameux jour, pourrais-tu ne
[pas me le dire en prose ?
Tâche de me le dire en vers.
Et ne les fais pas de travers.

JEAN

En vers... en vers... je vais essayer. Je recommence :

C'était hier grand jour du vingt et neuf septembre.
Vous étiez au festin ; moi, j'étais dans ma chambre ;
Et c'était à la fois le matin et le soir :
Jà minuit sonnait. Mais... le désir de vous voir
Me cogne, en même temps que le marteau l'horloge.
Et je déloge.

Le ciel était serein et le temps était noir
Comme un palier sans gaz au fonfond d'un couloir.
Le gros hibou hurlait un air du roi Carotte,
Que le merle, ravi, sifflait à chaque note,
Et le corbeau forçait ses petits au repos,
En leur faisant danser le pas des idiots,
Et je cours, et je cours, le fusil sur l'épaule,
A travers près et champs, dans une barcarolle,

Et je trouve un sentier, où pleuvent de travers
La Gazette, *Le Monde* et d'autres *Univers*.

Tout à coup, j'aperçois un monstre à longue tête,
Qui tenait par moitié de l'homme et de la bête,
Et, dans ses arpions, avec fracas roulait
   Un chapelet...

Ce hideux être avait un casque à mèche à cornes,
Dont la pointe montait à des hauteurs sans bornes;
Un long rabat, formant une espèce de sac,
Pendait jusqu'au milieu de son large estomac;
Et son ventre était ceint quatre fois d'un gros cable,
Dont le bout décrivait un ravin dans le sable.

J'étais émerveillé de ce monstre charmant,
Et j'allais, furieux, lui faire un compliment,
Quand, saisi par le trac, le lâche, tournant bride,
Pique sa longue tête au fond d'un lac humide.
Et je vois luminer la salle du complot.
   J'entre. Aussitôt :

  Un orateur que rien ne dompte
  Se lève, menaçant et fier,
  Et déjà la tablée est prompte
  A l'applaudir. C'est bien tout clair.

  Il étend son bras dans l'espace,
  Raide comme un barreau de fer,
  Et tous encor, pour tant de grâce,
  De l'applaudir. C'est bien tout clair.

Il ouvre sa machoire... énorme,
Et parle du prince si cher.
Et, de peur que le garçon dorme.
On claque fort. C'est bien tout clair.

« — Chambord, dit-il, sois roy de suite.
« Chacun de nous sera ton pair. »
Et de plus en plus on s'agite,
Pour l'applaudir. C'est bien tout clair.

« Meurs, toi, République du diable ! »
Poursuit-il. « Et vas en enfer ! »
Et la tablée, infatigable,
De l'applaudir. C'est bien tout clair.

« Henriquinquistes de naissance,
« Chantons en chœur notre grand air :
« Seigneur, sauvez Rome et la France ! »
Crac ! un agent. . Tous firent clair.

LE VICOMTE, *à part.*

C'est vrai, nous plonplonnâmes, sapristi !...
Il achève de me couper l'appétit...
Cependant... tentons encore une fois la gouver-
                                            [nante.
Si je réussissais ! comme la prochaine réunion se-
                                            [rait contente !

(*Appelant.*)

Francette charmante ?

JEAN, *répétant,*

Francette ? Monsieur vous appelle.

LE VICOMTE

Comment ! encore te voilà !
Fiche-moi le camp de par là !

(Jean reste à la porte.)

SCÈNE IV

LE VICOMTE, *à Francette qui arrive.*

Petite drôlesse,
Tu es gentille à croquer, je te le confesse.

FRANCETTE

Monsieur, si c'est pour cela que vous me faites
venir, je vous répondrai que je n'aime pas qu'on
m'appelle petite drôlesse ni qu'on me tutoie. Quant
à me croquer, comme vous dites, jamais ! Monsieur.

18

LE VICOMTE

Mais, chérie, je vous jure, sur ma foi,
Que je n'ai pas voulu vous offenser, en vous di-
[sant tu, toi...
Voyons, Francette, écoute-moi sans rire,
Car j'ai quelque chose de très-sérieux à te dire.

FRANCETTE

Je vous le répète, monsieur, je ne veux pas que
vous me tutoyez.

LE VICOMTE

Eh bien! puisque cela te contrarie, ma chère,
Je vais vous satisfaire.

(A *part.*)

Muse, inspire-moi donc,
Et ne me dicte pas le vers trop long.

(*Il chante.*)

Mon tendre cœur palpite
D'un énorme plaisir.
O charmante petite !

(*Il veut lui prendre la taille.*)

FRANCETTE

Voulez-vous bien finir ?

LE VICOMTE

Depuis plusieurs dimanches,
Traqué par un désir,
J'ai passé les nuits blanches
Et je n'ai pu dormir.
C'est parce que, ma chère,
Je n'ai point de sommeil,
Sous le grand reverbère
D'un amour sans pareil.

FRANCETTE, *à part,*

Quelle démence !

(Haut.)

Quel beau discours !
Quelle éloquence !
Ça m'influence.
Allez toujours.

LE VICOMTE

Votre aspect magnifique,
Tout plein d'appas charmants,
Est un chant de musique
Qui réjouit les sens.
C'est un séchoir de larmes,
Un lavoir de soucis,
Une cave de charmes,
Un grenier de *souris.*

FRANCETTE, *à part*.

Est-il comique !

(*Haut.*)

> Votre discours,
> Tout poétique,
> Est magnifique.
> Allez toujours.

LE VICOMTE, *enhardi*.

> Votre regard qui flambe
> Est un miroir du jour,
> Et votre belle jambe
> Est un pilier d'amour.
> Tous vos traits de figure
> Sont des rayons luisants,
> Et votre chevelure
> Les pousses du printemps.

FRANCETTE, *à part*.

Perlipopette !

(*Haut.*)

> Votre discours
> Se décollète,
> Ça m'inquiète...

(*D'un air ironique.*)

Allez toujours.

LE VICOMTE

Aux deux yeux de mon âme
Vous êtes un trésor,
Une splendide femme,
Qui vaut son pesant d'or.
Vous êtes le parterre
Des plus brillantes fleurs
Et le limpide verre
Des bordeaux les meilleurs.

FRANCETTE, *à part.*

Vite à l'hospice !

(*Haut.*)

Votre discours
Est mon supplice.
Oh ! qu'il finisse
Et pour toujours !

LE VICOMTE, *déconcerté.*

(*A part.*)

Pas du tout.
Muse, allons jusqu'au bout :

(*Il chante.*)

Vous êtes si bien faite
Que mon cœur moitié frit
En perd vraiment la tête
Et mon cerveau l'esprit.
Mon estomac constate
Qu'il chante de plaisir,
Et je sens de ma rate
Tous les battants s'ouvrir.

(*Il veut lui prendre de nouveau la taille.*)

FRANCETTE, *irritée.*

Je suis à bout de patience, enfin ! Allez rafraî-
chir votre réminiscence !

LE VICOMTE

Mais j'irai t'acheter un chapeau plein de fleurs,
Une robe pleine de fleurs,
Un corsage plein de fleurs,
Tu seras, en un mot, un vrai bouquet de fleurs,
Et tu ne feras rien... que cultiver les fleurs.

(*A part.*)

Bon ! toutes mes rimes sont en fleurs !
Ça se connaît, sans rire,
Que la muse m'inspire.

FRANCETTE

Je vous remercie de vos fleurs : j'aime mieux le
travail.

JEAN, *à part.*

C'est moi, le travail.

LE VICOMTE

Je comprends... Je suis laid, je suis laid, rebutant.
Mais, pourtant,
Je t'aime tant, tant, tant!

FRANCETTE, *avec un signe de tête négatif.*

Tan tan et tan tan tan,
Et tan tan taine,
Tan tan et tan tan tan,
Et tan tan tan.

Je la connais votre amitié. C'est celle du loup
pour le chaperon rouge.

LE VICOMTE

Finissez donc de magacer,
Et laissez-moi vous embrasser.

(Il allonge de nouveau le bras),

FRANCETTE

Est-ce que vous voudriez me prendre de force?
Et la loi?

LE VICOMTE

La loi... la loi... la loi, ma fille, est élastique,
Pour celui qui la fait et celui qui l'applique.
Surtout quand il s'agit des droits seigneuriaux.
Pour moi, j'ai toujours, comme un Faune,
Impunément passé ma jambe sur les clôts,
Sans qu'on ait entravé mon auguste personne.

FRANCETTE

Le temps passé n'est plus. D'ailleurs, vous ne
pourrez jamais me contraindre à quoi que ce soit.

LE VICOMTE

Vous ne vous laisserez même pas embrasser
Sans me repousser.

FRANCETTE

Bien sûr !

LE VICOMTE

On me classe, pourtant, parmi les gens honnêtes.
Je ne sais pas pourquoi tu trouves tant d'arêtes
            Au désir profond
D'un homme qui partout a passé haut le front.

FRANCETTE

Partout? Même par les portes basses?

LE VICOMTE, *d'un air mielleux.*

Allons ! ne me plaisante pas,
Francette aux beaux appas,
Et laisse-moi toucher, de ma main bien doucette,
Les angles arrondis de ta taille finette.

FRANCETTE

Non ! non ! non !!

JEAN, *à part.*

Décidément, il a envie que je le rappelle à
l'ordre.

*(Francette s'échappe et embrasse plusieurs fois Jean
qui paraît.)*

LE VICOMTE, *se levant furieux.*

Fallait-il que, pour vous, d'amour je raffolasse,
Pour que si fortement vous me détestassiez ?
Qu'avec tant de soupirs un baiser je plaidasse,
Pour qu'aussitôt à Jean vous en prodiguassiez ?

Fallait-il qu'en mon cœur un grand feu j'allu-
                                        [masse,
Pour qu'au foyer de Jean vous vous réchauffassiez ?
Et qu'à parler d'amour je me dégosillasse,
Afin que, par instinct, Jean vous écoutassiez ?

Fallait-il qu'à des fleurs le repos j'ajoutasse,
Pour que, malgré tout ça, Jean vous préférassie
Et que tous mes talents de charmer j'employasse
Afin qu'avec mépris vous me rebutassiez?

JEAN et FRANCETTE, *se tenant les côtes.*

C'est le comble!

Et la toile tombe de rire.

Octobre 1879.

PROCÈS

DE

LA BIBLE FARCE

COUR DE CASSATION

Audience du 7 Novembre 1879

CONCLUSIONS DE PIERRE MALVEZIN

Messieurs,

Je me suis pourvu devant vous, en cassation de l'arrêt de la cour d'appel du 3 juillet, parce que cet arrêt, en confirmant, au lieu de l'infirmer, le jugement de première instance du 4 mars, qui m'avait condamné à trois mois de prison et cent francs d'amende, a été rendu, comme ledit jugement, par fausse application de l'art. 8 de la loi du 17 mai 1819.

En effet, Messieurs, loin d'avoir voulu, en publiant ma *Bible farce*, outrager la morale publique, j'ai eu, au contraire, (ainsi que je l'ai dit, d'ailleurs, lors du commencement des poursuites, à M. le procureur de la République, par une lettre que vous avez sous les yeux, car je l'ai revue au dossier), j'ai eu au contraire, dis-je, un but moral, profondément moral : le but de frapper les erreurs et les immoralités dont la vraie bible est parsemée.

J'ai toujours été révolté, — dès ma jeunesse à la lecture, et depuis à la simple vue— de ce livre. Mais, quand j'ai été témoin, à Paris, de la propagande faite, aux abords des églises et des cercles évangéliques, pour ce recueil d'écrits barbares, despotiques et malsains, eh bien ! j'ai résolu de le combattre, en attendant que l'autorité supérieure avise, et j'ai choisi, pour cela, l'arme de l'ironie et du ridicule, la meilleure des armes.

Et ma bonne intention a été reconnue d'abord, puisqu'une première édition par fascicules de mon travail commencée au mois de juillet 1878, n'a été nullement poursuivie.

Il est vrai que, lorsque l'ouvrage eut paru en volume, en janvier dernier, la saisie ne se fit pas longtemps attendre ; mais cette saisie ne fut opérée qu'à la suite d'une dénonciation de la part du clergé, du clergé encore puissant, ainsi que le déclara alors, chez M. Brière, rue Saint-Honoré, 257, **M.** Marseille, chef de bureau à la préfecture de police ; et ce qui démontre que le parquet n'a pas considéré l'affaire comme sérieuse c'est qu'il n'a fait assigner aucun des deux imprimeurs, pas plus celui de l'édition en volume que celui de l'édition en fascicules.

———

Quant à la preuve matérielle et évidente du but que je me suis proposé, c'est que, à cause même de ce but, je n'ai employé aucune expression grossière et j'ai même gazé certains mots crus du texte sacré, en les reproduisant.

Prenons une bible quelconque, celle, par exemple, que l'on donne dans les écoles protestantes, et qui est la traduction la plus voilée des livres inscrits comme saints au canon de l'Église. Et voyons les paragraphes correspondants des miens incriminés, du moins de ceux portés au jugement et à l'arrêt dont est pourvoi, car, s'il me fallait répondre pour tout ce qui a été souligné dans l'exemplaire joint au dossier, notamment les allusions faites aux bonapartistes, j'en aurais pour longtemps.

N'est-il pas dit, dans ce texte sacré, si voilé qu'on ait voulu le rendre :

1° Qu'Abraham, ayant quitté le Canaan pour aller en Égypte, pria Sara, sa femme, de se dire seulement sa sœur, afin qu'il fût mieux traité à cause d'elle ; que Sara fut menée au roi, et que Pharaon et sa cour en usèrent bien à l'égard d'Abraham, à cause de Sara, et lui donnèrent des brebis, des bœufs, des ânes, des chameaux, des serviteurs et des servantes ; et que Dieu frappa d'une plaie Pharaon et sa cour, à cause de Sara ? (V. Genèse. c. XII, et le catholique Le Maistre de Sacy, note de la page 114 du présent second volume, qui atteste que la plaie dont s'agit était une maladie aux parties génitales ?)

2° Qu'Abraham, ne pouvant avoir d'enfants de Sara, prit une de ses esclaves pour en avoir d'elle, et cela du consentement de Sara, qui lui donna elle-même cette esclave ? (Genèse c. XVI).

3° Que Lot, après avoir quitté Abraham et s'être retiré à Sodome, eut, un soir, la visite de deux anges, et que tous les habitants de la ville (! ! !), depuis les enfants (! ! !) jusqu'aux vieillards (! ! !), assiégèrent sa maison pour s'emparer des deux voyageurs ; et que Lot offrit, en place, ses deux filles vierges (! ! !), en disant à tout ce peuple : vous userez d'elles comme il vous plaira (! ! !) ? (Genèse, c. XIX).

4° Que Dieu, après avoir promis de revenir et de donner un enfant à Sara (XVIII, v. 14), visita Sara comme il l'avait dit, lui fit ainsi qu'il en avait parlé, et que Sara conçut et enfanta? (Gen. c. XXI).

5° Qu'Abraham et Sara se comportèrent au pays de Gérare comme en Égypte; que Sara se dit sœur d'Abraham; que celui-ci reçut des richesses de la part du roi; qu'Abimelec et les grands de sa cour furent punis, à cause de Sara, de la même plaie qu'avaient eue Pharaon et les siens; et que la plaie ou maladie en question, atteignant les femmes, les mit dans l'impossibilité de concevoir? *concluserat enim omnem vulvam,* selon la Vulgate? (Gen. c. XX).

6° Que Ruben coucha avec la concubine de son père? (Gen. c. XXXV).

7° Que Her avait une indigne conduite vis-à-vis de sa femme, et qu'Onan, pour éviter d'avoir des enfants avec la veuve de son frère, se souillait (!!!)? (Gen. c. XXXVIII).

8° Que Phinées, ayant vu un Israëlite entrer sous une tente avec une Madianite, entra après eux et les transperça tous les deux de sa lance? *In locis genitalibus,* selon la Vulgate? (Nombres, c. XXV).

9° Que Gédéon, en sus de soixante-dix enfants légitimes, eut un autre enfant d'une concubine? (Juges, c. VIII).

Etc., etc.

Et n'a-t-on pas le droit, le devoir, même, de critiquer, de démasquer et de flétrir ces histoires malpropres, ces chapitres répugnants de Her, Onan, Sodome, Lot et autres, ces obscénités qu'on ne trouve dans aucun livre profane et qu'on nous donne comme des saintetés?

Pourquoi donc incriminer mes pages 26, 27, 29, 30, 35, 36, 38, 39, 40, 41, 58, 60, 126, 153 et 154, alors surtout que j'ai remplacé les expressions crues de la Bible, de celle même qu'on donne aux enfants, par de simples allusions ?

Vous reconnaîtrez, j'espère, Messieurs, le but essentiellement moral de mon travail, but qui, à la confrontation des textes, est patent et indiscutable.

Et,

Considérant que ma condamnation est l'effet d'une fausse interprétation de l'art. 8 de la loi du 17 mai 1819 et n'est point motivée, vous casserez purement et simplement l'arrêt de la Cour d'appel du 3 juillet, et partant le jugement du 4 mars.

La cour a cassé, pour le motif que la condamnation ne portait pas d'intention criminelle de l'auteur.

M. Vente, conseiller rapporteur. — M. Benoist, avocat général, conclusions conformes.

9 782012 830059